www.tredition.de

AF204086

Frithjof Siering

Rot tränt die Seele

die Häuserwand hinab

www.tredition.de

© 2021 Frithjof Siering

Verlag und Druck:
tredition GmbH, Halenreie 40-44, 22359 Hamburg

ISBN
Paperback: 978-3-347-11498-2
Hardcover: 978-3-347-11499-9
e-Book: 978-3-347-11500-2

Gedanken auszusprechen ist ein gewagtes Spiel. Das auszusprechen was einem unbedingt erwähnenswert erscheint darf nicht grob ins Papier gestanzt werden. Es muss zu einem Bild werden in dem Nuancen versteckt werden um gefunden zu werden, Nuancen die einen nicht mehr loslassen wollen. Nuancen die sich zu einem Ganzen fügen und Emotionen freisetzen. Man findet viele auf dem Spinnfaden des Lebens. Immer wieder gibt es Blitzlichter, die die Dunkelheit aufschrecken und einem Wahrheiten zeigen, die besser verborgen blieben. Es ist leicht durch die Dunkelheit zu schreiten, geführt von einer Hand dessen Körper man nicht zu kennen scheint. Doch Dunkelheit bedeutet die Augen geschlossen zu halten und das Denken anderen zu überlassen. Muss man denn den Finger in eine Wunde halten um sie zu sehen ? Nein, hineinschauen genügt. Unrecht spüren tut man am eigenen Körper, doch das ist egoistisch. Unrecht, das Anderen zugefügt wird muss man sehen, erkennen. Den Lügen zu glauben ist so viel einfacher als sie zu hinterfragen. Jedes einzelne Leben ist die schönste Sache der Welt. Doch nicht jeder bekommt von allen das Recht dieses auch zu genießen. Regeln und Verbote, Vorschriften und Gesetze von Bessermenschen zerstören die Entfaltung. Falsch eingepflanzte Gedanken bringen Hass und Krieg. Weggucker stärken all diese Schlechtmenschen. Tränen sind nur in der Freude etwas erstrebenswertes. Gepredigt wird Heil durch Geld und Macht, doch eigentlich braucht der Mensch nur regelmäßige Nahrung und ein Lächeln.

Am glücklichsten sind wir doch wenn wir mit Freunden zusammen sitzen und Lachen. Wenn wir diskutieren und dabei Lösungen für alle finden. Nur ein paar Geld- und Machtbesessene finden ihr Glück nur im Leid der Anderen. Politik sollte für gerechte Verteilung stehen, für Chancen für Jeden. Heutige Politik ist aber gekennzeichnet durch Machtspiele und Schuldzuweisungen, gesteuert durch Wirtschaftskonzerne und Geldgeber. Lobbyisten haben mehr Einfluss auf Regierungsbeschlüsse wie Bürgerwünsche. Schnell entwickelt sich dadurch die Spezie der Interessenlosen, der Weggucker, der Miregalmenschen. Gehören sie nicht dazu, lassen sie sich hineinfallen, hineinfallen in sich selbst um von neuem hinauszuschauen und Neues sehn und entdecken. Das Leben bietet genug grausame Momente, lassen wir uns nicht zu weiteren verleiten.

Die letzte Fahrt

Schwarz und glänzend

erstreckt er sich

vor mir,

gewunden wie eine Schlange.

Er rast

unter mir weg

Strich um Strich

entferne ich mich.

Pass auf

überall

lauert die Gefahr.

Angst,

ich habe keine Angst

das Prasseln der Tropfen

macht alles noch schlimmer.

Ich sehe dich vor mir

warum sitze ich bloß

hier

in diesem Wagen

all die Tropfen

und fremden Gestalten

in fremden Autos.

Eine Pfütze

alles dreht sich

Metall bohrt sich in Fleisch

ein letzter Aufschrei

dann –

ist es Aus.

Tödliche Stille

Greifbare Stille

rundherum

ja, Grabesstille

fasst zu

packt Dich

ohne jeglichen Laut

quetscht Dich

bis Dir die Augen

rausfliegen.

Sie klatschen an die Wand

völlig geräuschlos

die Schädeldecke reißt auf

Knochensplitter

fallen lautlos zu Boden

Knie knicken ein.

Ein Vogel knallt

mit dumpfen Schlag

gegen die Scheibe

sie ist durchbrochen

mit wildem Geschrei

zappelt der Vogel

ehe er stirbt.

Puls 61

Puls 61

und trotzdem schon tot

das Herz schlägt

der Körper ist kalt

Die Gedanken sind stumpf

und ohne Sinn

kein Mensch mehr da

ich bin allein

8 Stunden

Seltsam,

wie man dasitzt

die Zeit schleppt sich träge über die Uhr

eine Krähe

groß, schwarz

kämpft willenlos gegen den Wind

man sitzt, alles erschlafft

wie eine Pflanze ohne Wasser

Bäume, die unsichtbar wachsen

Fliegen, die an der Scheibe sichtbar sterben

alles jagt vorbei

wie ein – unbekanntes Wesen an unserm schönen Reich

die Zeit steht still und tut es doch nicht

denn nur im Kopf tickt sie nicht weiter

die Uhr am Turm, schlägt eisern auf die Welt herab

lässt nachts die Sonne untergehen

damit der Krieg den nöt`gen Schatten hat

und morgens wieder kräftig scheinen

so, dass der Tod sich präsentiert

das Reh dazu am Rande schweigt

sein Kampf alleine nur der Straße und den Schienen gilt

dort lauert oft der schnelle Tod

gleich einem plötz`gen Herzinfarkt

trotz alledem ziehts hin zu fernem Ort

an dem ich überrascht, acht Stunden später angelangt

die Zeit stand nur im Kopfe still

die Kröte schon seit Stunden

tot am Reifen klebt

Unnötiger Schweiß

Ich sitze in

idyllischer Ruhe

lasse meinen Gedanken

freien Lauf

sie wandeln langsam

hin und her

Ein leises Piepen

erregt meine Aufmerksamkeit

Ich schaue umher

woher mag es wohl kommen

Es pfeift von allen Seiten

  und umzingelt meinen Kopf

In leichten Böen

   sticht es im Hirn

Es wird lauter

   das Herz schlägt schneller

Ich drehe mich im Kreis

   meine Beine schwanken

Es wird immer lauter

   ich drohe zu fallen

immer lauter

   mein Kopf ! Er platzt

immer lauter

   ich schreie

ein Schlag ins Gesicht

auf der Stirn die Tropfen

das Bett nassgeschwitzt

Nur ein Traum

Ein Himmelsbild

Ein weißer Strich zeichnet

sich am Himmel ab.

Er ist auf dem Weg !

Menschen fangen bei dem Anblick

an zu träumen,

werden melancholisch,

denken an alte Erlebnisse,

Gute und weniger Gute

oder gar an

Schreckensbilder.

Mir wird es schlecht,

wenn ich bedenke

was so ein Strich

in einem Menschen

alles auslösen kann.

Nun ist er fort

die Spitze hinter einer Wolke

verschwunden

die Mitte wird langsam breiter

um dann

wie das Ende einfach

zu verschwinden –

  doch die meisten

        sinnieren weiter

           vor sich hin.

Unnütz Sorgen

Es geht aufwärts !

Es wird ein bisschen früher hell,

die Vögel singen jetzt schon schöner,

die Autos stinken nicht mehr ganz so,

die Bäume werden wieder grüner,

die Schwalben fliegen wieder höher,

es verhungern nicht mehr viele,

Flüge werden wieder sicherer,

aus dem All kommt nichts mehr runter,

auch die Häuser werden schöner,

Kinder werden wieder fröhlich,

Eltern lachen statt zu schelten,

selbst die Alten sterben glücklich,

all der Smog hat sich verzogen,

aber ich

mach mir noch Sorgen.

Unnütz Sorgen ?

Schreckensvision

Einundzwanziguhrdreiundvierzig

Sirenen heulen

Feuerwehr rast durch die Straßen

Der Himmel erfüllt

von blutrotem Licht

der Fernsehsprecher bekommt kein Wort
mehr raus

er ist kreidebleich

auf den Straßen rennen Menschen um-
her

sie stolpern und fallen und

treten sich gegenseitig tot

Andere stürzen aus den Fenstern

Schüsse fallen

Hirne klatschen an die Wand

die Hitze ist schier unerträglich

Plötzlich,

Flammen schlagen hoch,

alles brennt !

Noch Sekunden

bis zum Knall,

der die Sonne

  mit der Erde

          vereint.

Blind vor Angst

Ich hatte nie

daran geglaubt !

Es ist wie -?-

wie eine Schlange

man vermutet ständig

einen Trick, eine List

es kriecht um Dich herum

schlängelt sich an Dir hoch

legt sich langsam

um Deinen Kopf

und zieht sich

träge

aber beständig

fester und fester

enger und enger

zusammen

Du wehrst Dich

mit all Deiner Kraft

bis Du verzweifelst

ja wahnsinnig wirst.

Wenn Du bloß

die Augen öffnen würdest

nur einen Augenblick

es ist das Glück

wogegen Du Dich verschließt

Du würdest sehen !

Alltagstrott

Du fährst jeden Morgen

in diesem Bus zur Arbeit

er ist voll

Menschen

berühren Dich

dass Du schauderst

abgestandener Atem

von Zigaretten und Alkohol

bewirkt Brechreize in Dir

Du fährst durchs Tor

alles quetscht nach draußen

als wenn sie nicht

schnell genug anfangen dürften

Stempeluhr und los

nach acht langen Stunden wieder im Bus

Du schaust in die

immer noch stinkenden Gesichter

Kaputt

mit tiefen Ringen unter den Augen

und wieder dieser Brechreiz

und dann

wenn Du zu Hause bist

und in den Spiegel schaust

der Dich im Flur empfängt

erwartet Dich

dasselbe Schicksal

wie im Bus

und Du brichst

Seelen

Es ist die Art der Artikulation

der Gedanken

bei jedem anders

Der Schock

so vielfältig

mal gelassen hingenommen

mal herausgeschrien

mal mit Tränen geflutet

doch immer

einfach

unbewusst –

als Schmerz

geschluckt

Die Freude

bei jedem anders

tausend Tränen ohne Halt

der Zwang herumzurennen

sich beseelt nur hinzusetzen

doch immer

einfach

unbewusst –

als Glück

geschluckt

Die Trauer

so verschieden

in sich kehren immer tiefer

Schmerzen reißen tiefe Wunden

Frieden suchend mit sich selbst

doch immer

einfach

unbewusst –

als Tod

geschluckt

Kein Zuhause

Sonntagmorgen

etwa 4 Uhr

vor einer halben Stunde

aufgewacht

weiß nicht wovon

zum schlafen

ist die Zeit vorbei

obwohl

es dunkel ist

doch

die Vögel fangen bereits an

mit ihrem morgendlichen Klang

ich liege da

und lausche

verstehe doch kein einzig Wort von dem

was sie sich morgens

zu erzählen haben

ich stehe auf

schüttel mir die Glieder

gehe ein paar Schritte

Nebel

Wo bin ich ?

Ach ja –

egal

ich packe meine Sachen

mach mich auf den Weg

eines Tages werde ich

nicht aufstehen brauchen

aber jetzt –

muss ich los

durch den Nebel

nach

Nirgendwo

Müde

Allein

gegen vier Uhr morgens

an der Autobahnausfahrt Gau-Allges-
heim

wenn das schwarze Blatt über Dir sich
langsam bläulich färbt

die ersten Geister ihre Körper aus dem
Bette heben

dann sehnst Du Dich nach einem war-
men Ort zum schlafen

ein Ort an dem Du immer bleiben kannst

doch diesen Ort kriegt jeder Mensch erst
ganz zum Schluss

dass Du es weißt

ist Deine große Chance

Vergänglichkeit der Prinzipien

Geradeaus

bergauf

und keinen Blick zurück

so sollt es gehen

doch plötzlich blieb die Zeit still stehen

kein Zeiger zuckte mehr im ganzen Land

der Boden der dem Weg gleichkam

er wich zurück vor unserm Fuß

der Berg verschwand

es tat sich auf ein großes Loch

ich hielt mich fest am Dochte meines Le-
benslichts

die Kraft ließ nach

der Boden immer tiefer sank

ich fiel und fiel

es wurde Nacht

am nächsten Tag da war die Mauer auf-
gebaut

sie war so glatt das niemand sie erklim-
men kann

dahinter könnt es weitergehen

Geradeaus

bergauf

und keinen Blick zurück

doch damit ist`s jetzt aus

Die falsche Tat

Ein

winzig

Flöckchen

stürzt

herab

man möchte es fangen

damit es nicht so hart am Boden schlägt

doch Deine Schuld

dann

schnell

getrocknet

ist

Besessen

Du schreibst

und schreibst

du guckst es dir an

dann schmeißt du es weg

du fängst von vorne an

nichts will gelingen

eine neue Zeile

eine Seite

ein Kapitel

es klingt nicht

weg

eine Runde ums Haus

wieder schreiben

der Kopf arbeitet

und arbeitet

du weißt dass es klappen wird

eines Tages, denn

wenn du lange genug

die Straße

des Besessenen begehst

wirst du irgendwann

das

Vollkommene erreichen

Stiefel

Ich trage Stiefel

schwarze, braune, gelbe

viele Kilometer schon

oft schreien sie

haben die Schnauze voll

von der Lauferei

sie wollen den Käse

von meinen Füßen nicht mehr

doch ich

bin noch lange nicht

am Ziel

Gereimt

Gezielt wird hier manipuliert

im Kopf des Einzelnen rumhantiert

es wird gelogen

und betrogen

und wer sich wehrt

wird eingesperrt

so ist das auf der ganzen Welt

denn was regiert das ist das Geld

und hat du mehr

dann bist du wer

und allen anderen sei gesagt

ihr werdet niemals mehr gefragt

Lebenslauf

Schritt für Schritt

geht die Zeit

  an dir vorbei

Schritt für Schritt

versuchst du

  vorwärts zu kommen

Tag für Tag

wirst du

  immer älter

Tag für Tag

versuchst du

  dass es keiner merkt

Schmerz um Schmerz

prallt auf

  dein Herz

Schmerz um Schmerz

versuchst du

  wegzuwischen

Stück für Stück

kriecht er

  an dir hoch

Stück für Stück

versuchst du

  dein Leben zu verlängern

      Doch dem Tod

             kann niemand ent-

kommen

Das plötzliche Ende

Das ganze Leben

bewegt man sich

auf einem Grad

mal wird er breiter

dann geht es sich gut

und manchmal

wird er schmal

der Fuß

guckt rechts und links herunter

doch man darf

niemals nach unten schauen

doch gelegentlich

stürzt man in die Tiefe

aber man merkt es nicht

oder vielleicht erst

nach einer langen Zeit

doch

wenn man erst den Aufprall spürt

ist es zu spät

Rückblick

Das Wasser rauscht

der Wind bläst schwach ins Gesicht

du legst dich in deinem Boot zurück

die Vögel zwitschern

und die Sonne schreibt ein Lied

du merkst dass du die Welt liebst

an den Orten

die es seit Jahren

nicht mehr

gibt

Frühling

Die Temperatur kriecht über null

der Schnee schmilzt

die Flüsse laufen über

doch das – geht vorüber

wie jedes Jahr

Knospen platzen auf

Kätzchen an den Sträuchern

frischer Pflanzenduft

liegt – in der Luft

wie jedes Jahr

Die Kinder spielen im Freien

auf allen Spielplätzen

liegt neuer Sand

und die Mütter – sitzen am Rand

wie jedes Jahr

Jeder Mensch ist müde

in dieser Jahreszeit

der Frühling ist gekommen

und jeder hat – es wahrgenommen

wie jedes Jahr

Ein Monat im Jahr

Ich schaue zum Himmel

zuerst ist er blau

die Sonne strahlt

im Süden ein paar kleine Wolken

Schäfchenwolken – wunderschön

ich nicke ein

Als ich erwache

sind die Wolken

wie große Löwenköpfe

mit prächtiger Mähne

weiß und sauber am Rand

tiefdunkel im Innern

sie hängen so tief

dass man meint sie berühren zu können

Ein Wind kommt auf

er wird zum Sturm

es fliegen immer neue Wolken heran

plötzlich brechen sie auf

Regen und Schnee

Hagel und Graupel

stürzen zur Erde

ich suche schnell Schutz

alles ist weiß und grau

doch dann –

der Sturm lässt nach

er wird zum Wind und dann zur leichten Brise

dich mächtigen Wolken

eben noch angsteinflößend

lösen sich auf

der Himmel kommt vor

die Vögel zwitschern wieder

es ist

April

Sommer

Ein Blatt liegt

auf der Ede

schmutzig

es hat einen ganzen Sommer geschafft

dann –

hat es sich fallen gelassen

jetzt ist es tot

ich hebe es auf !

Wie viele Sommer

werden wir noch schaffen ?

Glück

2 Menschen

sitzen auf einer Wiese

kein Blick

für die Blumen und

den Himmel

ein Pferd galoppiert

mit leichtem Schlag

über das Gras

oder sind es zwei

sie

wissen es nicht

er schaut nicht auf

seine Augen

sind nur noch

für sie da

Quelle

Langsam blubbert Wasser hervor

immer und immer mehr

aus schier unendlichen Tiefen

Wie Gedanken aus den Tiefen

der menschlichen Seele

Rundherum ist Moos, Stein,

Gräser, Bäume und Berge

das Wasser weiß noch nicht

wohin es geführt wird wenn aus der
Dunkelheit

Licht wird, wie ein Baby, das einfach

in die Welt hinausgeworfen wird.

Beide

werden mit der Zeit vergiftet

und am Ende

wartet der Tod.

Nur die Quelle

die Stätte der Geburt

bleibt rein.

Der Sturm

Bäume wanken und

rauschen

sie biegen sich

bis zur Erde hinab

ja sie verbeugen sich vor **IHM**

Wasser erhebt sich

mit wildem Gebrüll

bäumt sich meterhoch auf

um dann

vor **IHM** niederzufallen

Vögel steigen hoch auf

ohne einen Ton

suchen die richtige Stelle

um sich auf **IHN** zu legen

und mit **IHM** zu ziehen

Doch all das

reicht **IHM** nicht

er sucht sich seine Opfer

erschlägt sie mit Bäumen

fegt sie von Brücken

zerstört ihre Häuser

und die verhassten Autos samt Straßen

und legt sich erst dann wieder befriedigt
zur Ruh

wenn alles

aber auch alles

wieder

  unberührte

      Natur ist

Alter Mann

Er steht jeden Tag

mindestens eine Stunde am Wald

Er hat keinen Hund

den er dort ausführen könnte

Er macht keine Fotos

die er seinen Enkeln zeigen könnte

Eines Tages sage ich mir

musst du ihn fragen

war er sieht

Als ich es tun wollte

war er fort

er stand nicht mehr da

an diesem Tag nicht

und auch am nächsten nicht

auch in der folgenden Woche nicht

Dann hörte ich

er sei gestorben

Heute stehe ich

täglich eine Stunde am Wald

ich habe auch keinen Hund

mache auch keine Fotos

ich schaue nur

wie der Wald

  langsam stirbt

Der Blumenfreund

Einst kaufte ich mir

eine Pflanze

ohne Blüten

nur viele grüne Blätter

der Verkäufer sagte lächelnd :

„die kriegen sie nicht kaputt,

wenn die Welt nicht untergeht"

Ich sagte :

„wunderbar" und ging

die Pflanze wuchs

und wurde immer schöner

Heute – Jahre später

wache ich auf und

schaue zu meiner Pflanze

die Blätter sind gelb

und hängen schlaff herunter

wie zerlaufende Käsescheiben

es ist vorbei

aus

tot

obwohl sie doch nicht kaputtzukriegen
sei

Jetzt merk ich es

das Leben auf der Erde geht

zu Ende

Heuchler

Warum interessieren sich alle dafür

was in den Köpfen schwerer Verbrecher
vor sich geht

wenn sie noch nicht einmal

eine Erklärung

für IHRE kleinen Fehler

Verbrechen

und Lügen

in IHREN Köpfen

haben

Einst vor vielen Jahren

An jenem Tag haben wir sie

zum letzten Mal gesehen

                Alles was bleibt

                sind Erinnerungen

Langsam schob sich

eine graue undurchsichtige

Wand davor

                Fotos und Filme und

                Ansichtskarten

Ein übler Geruch

blies uns in die Nase

Übelkeit überkam uns

                Geschichten und Sagen

                von Alten erzählt

Gasmasken müssen wir tragen

und die Bäume tragen

schon lange kein Grün mehr

Damals

haben wir für die schönen Sachen

die Schönste geopfert

Heute

glauben uns unsere Kinder

die Sonne nicht mehr

Im Museum

Du lauschst

dem Rauschen des Windes

rechts

und links Bäume

soweit und doch eine Wand

vor dir

erstrecken sich meilenweit

eiserne Streben

mit Holzbohlen

verbunden

für immer untrennbar

so sieht es aus

hinter dir

verschwinden sie hinter einer Kurve

der Wald

nimmt sie gierig in sich auf

vor dir

scheinen sie

kein Ende zu haben

Gras wächst hoch

Moos bildet sich

auf den rostigen Reliquien

der Vergangenheit

Großstadt

Straßen

so vielspurig

dass man kaum die andere Seite sieht

Tunnel

mit geruchlosen Sprüchen vollgesprüht

von Leuten denen der Frust aus dem
Hals geschossen kommt

Fenster

dreckig und vergilbt oder kaputt und

dahinter Geschrei von Bewohnern des
Planeten die sich längst über haben

U-Bahnstationen

morgens wie geleckt

doch abends voll von Gestank und
Stadtratten

Neubauten

ein paar Jahre begehrt und dann

nur noch eine Herausforderung für den
Sprengmeister

Es lebe die Großstadt

am Tage voll Glück und – ein bisschen
Smog

bei Nacht ein Loch voll Verbrechen, Ge-
stank und – oder Liebe

Das Fenster

Ein Auge

festgeklemmt in einen Rahmen

aus gutem Holz

gesichert mit Zement und Ziegelsteinen

es kann nicht weg von seinem Ort

die Richtung seines Blicks bleibt immer
gleich

es schaut herab auf eine Wiese

dort spielen Kinder mit dem Ball

das arme Auge kann nicht lachen oder
weinen

es starrt und starrt

auf diese Stelle

die einst der Folterer ihm hat auserkoren

Eines aber

das kann dieses arme Auge auch

trifft es ein Splitter

so groß – dass sich ein Mensch daran er-
hängen könnt

dann ist es aus

dann ist es blind

Bushaltestelle

Eine eiserne Stange mit einem Schild

in halber Höhe ein paar Zettel

tausend Zahlen

ständig schaut dort einer drauf

schaut dann zur Uhr

und man kann

die verschiedensten Reaktionen betrach-
ten

Manche legen eine zufriedene Miene auf

gehen zwei Schritte zur Seite und warten

nach drei Minuten fangen sie dann an
nervös auf ihr Handgelenk zu schauen

nach fünf Minuten gehen sie zurück zu
den Zahlen

andere zünden sich schnell eine Ziga-
rette an und ziehen hastig

sie schauen in die Richtung aus der er
kommen soll

und ziehen rascher Zug um Zug

Wiederum andere gehen schnell zum Kiosk

kaufen Fahrkarten oder eine Zeitschrift

wenn er dann kommt

hellen sich alle Gesichter auf

alle rennen umher

und nur eine Minute später

ist die Stange mit den Zetteln und Zahlen für einen

Augenblick allein

Das Titelbild

Bevor du sie aufschlägst

stockt dir der Atem

einen Augenblick

Sie schaut dir direkt

in die Augen

Gut

nein, sehr gut

sieht sie aus

aber was soll das

warum diese verschwenderischen Ge-
danken

niemals

wirst du erfahren wer das ist

wenn du die Zeitschrift durch hast

landet sie im Müll

samt ihr

und dabei

geht dir dann erst auf

dass es nichts nützt

gut auszusehen

Die Puppe

Die Puppe

leblos

hilflos

und doch oft

so wichtig

ruhig und

zuhörend

sich immer streicheln lassend

nie ein Streit

ein böses Wort

kein böser Blick

nie traurig

in die Ecke gesetzt

und wieder vorgeholt

Arm abgerissen

und wieder angenäht

Gedärme raus

und neue rein

so schön

und doch

nur Tod

Zu genau hingesehen

Eines Tages ging ich auf einem breiten
Weg

um mir Wasser zu holen

als ich aber genau hinsah

sah ich verschwimmende Gegenstände

so groß wie Kürbiskerne

und all das

verschlangen wespenähnliche Kakerla-
ken

Flucht

Lebend geht ein Bündel Menschen
über den Asphalt

Sie schwanken uneins hin und her
wie Ähren im Wind

Der Asphalt glänzt in beißender Sonne
wie Lava, flüssig und heiß am Berg

Die Sonne schwimmt glühend auf das
Bündel hinab
wie schmelzendes Eisen in seine Form

Das Bündel zerläuft zu allen Seiten
ist überzeugt vom Sinn der Flucht

Gedanken in der Nacht

Die Nacht

ein Leichentuch aus Samt

klopft

mit totem Schlangenkopf an deine Tür

der Schnee

durchs dunkle Tal zu Boden fällt

knirscht

unterm Schritt der Geister

das Auto

wirft den Fahrer an den Baum

das Blut

das trockne Erdreich tränkt

der Nebel

sich ums Flugzeug hüllt

die Turbinen

haben schrecklich Angst

die Passagiere

lachen und trinken bis in den Tod

die Eulen

sehen alles mit starrem Blick

die Toten

deckt der Schnee langsam zu

Schlangen

winden sich um deinen Hals

Ratten

beißen sich durch verdorbenes Fleisch

Aids

findet kein einziges Opfer mehr

der Mensch

schaut selbstgefällig zu

Die Wehrpflicht

Gebrüll

selbst Tote müssen sich

die Ohren zuhalten

Schritte hallen

das Taube

sie im Magen spüren

Essen sieht aus

wie die Tarnfarbe

im Gesicht

Gasmasken so dicht

das man

zu ersticken glaubt

Märsche durch die Nacht

Eiszapfen

schneiden ins Gesicht

Erfrierungen

doch der Sani

kann nicht helfen

Monate

der Erniedrigung

Demütigung

und

wer nicht mitmacht

kommt in Knast !

Schuldig

Gleichgültig

singt der Vogel vom Baum

Gleichgültig

wiegt der Strauch sich am Ufer

Gleichgültig

fließt der Fluss in das Meer

Gleichgültig

schlägt die Glocke im Turm

Gleichgültig

wächst die Blume im Gras

Gleichgültig

wie es des Menschen Art

Gleichgültig
schaut die Welt zum Balkan

Gleichgültig
und ohne handeln

Gleichgültig, uninteressiert
am Tod all der Menschen

Kaputte Welt

Neulich

ich bin auf dem Weg

zu einem Freund

er ist schon ziemlich alt

und sieht noch um einiges älter aus

Frau und Kind

machen ihn rasend

naja – mehr Frau als Kind

aber wahrscheinlich

ist es der Alkohol

der ihn so aussehen lässt

in ihm ist nichts

als ein großer Berg Giftmüll

und wenn er morgens im Bett liegt

fühlt er sich wie im Schaukelstuhl

er sitzt drin

und schaukelt

und alle Welt

rundherum

ist –

wie Wackelpuding

man weiß nie

wenn man hinkommt

ob man ihn überhaupt noch antrifft

ich klopfe an die Tür

sein dreijähriger Knirps macht mir auf

ich geh rein

hinter mir knallt die Tür

der Knirps rast an mir vorbei

da liegt sie

Augen nur halb auf

sie ist eine Leiche

die einfach weiter trinken kann

Ich frage „Wo ist er?"

sie scheint nicht bemerkt zu haben

dass sich meine Lippen bewegten

die Spülung geht

er ist es nicht

es ist irgendwer

der aus Gutmütigkeit

hier sein darf

er packt seinen Schlafanzug weg

und kommt in die Stube

ich frage ihn nach meinem Freund

er sieht so aus als ob er sie nicht mehr
alle hat

er guckt die Frau an

dann mich –

und wieder die Frau

dann zupft mich der Knirps am Bein

und zieht sich

mit dem Zeigefinger übern Hals

sofort fängt die Frau

oder was davon über ist

an zu schluchzen

ich trinke mein Bier aus und gehe

Ich glaube dem Kleinen

er scheint mir der Ehrlichste

dort gewesen zu sein

Die letzten Löcher dieser Welt

Ein paar Fetzen Teppich

aus dem Motten aufsteigen

Vollgekleckert und

von runtergefallenen Kippen vernarbt

Ein paar Sessel

vom Sperrmüll geholt

die Kanten aufgerissen

aus den Löchern quellen die Innereien
hervor

2 Herdplatten mit 2 Töpfen drauf

Schimmel und Pilze

wachsen langsam heraus

Schmeißfliegen fühlen sich wohl

Ein Kühlschrank

von irgendwelchen Bekannten

brummt und rappelt vor sich hin

drinnen friert einsam ein Bier

Die ersten Tapeten, meistens

weiße Raufaser

werden rasch gelb vom Rauch

Der Aschenbecher läuft über

Der Hausmeister klingelt

ständig an der Tür

große oder kleine Hauswoche nicht ge-
macht

das Klapprad darf da draußen nicht ste-
hen

aus ihrer Wohnung stinkt es

ihre Visage gefällt mir nicht

und überhaupt

früher oder später fliegen sie raus

du sagst nur

„Leck mich am Arsch"

Frühstück eines Trinkers

Ich wach morgens auf

der Kopf brummt

irgendwo muss eine Flasche sein

ein Schluck drin ? – Gut !

ich lege mich wieder zurück

warm und kalt

durchströmt es meine Körper

einen Augenblick noch

dann bin ich bereit

aufstehen und feststellen :

- Der Kreislauf will noch nicht –

egal, es muss gehen

Was ist im Kühlschrank

vier Bier

ich sinke auf die Knie und setze mich an
die Wand

ich reiß eins auf und trinke

es erinnert mich an meinen Magen

er schreit und sticht

es ist zu kalt

zu leer der Magen

für ein Bier unterm Gefrierpunkt

aber dann

sind auch die Krämpfe wieder weg

noch eins

langsam verschwindet das Flimmern

der Kreislauf findet seinen Kreis

ich guck mich um

zieh mich am Kühlschrank hoch

es ist zehn Uhr

am Vormittag

o.k.

das Aufstehen ist geschafft

Sonntag

Sonntag

kein Geschäft hat auf

die Kneipen öffnen spät

hinter den Gardinen ist es dunkel

die Hunde dürfen nicht raus

wohin gehört man

so früh am Morgen ?

In der Tasche eine Dose Bier

die reicht nicht weit

das Zittern wird kommen

kaum Geld in der Tasche

So früh

an einem Sonntag

trifft man keinen Menschen

man ist allein –

mit einer Dose Bier

und –

den Eisenbahnschienen

Vielleicht

fährt so früh

ein Zug

und

man hat es geschafft

für immer

an

einem Sonntag

Das Sterben (Der Wahnsinn)

Neulich

als ich aufwachte

war es mein Fuß

mein linker

glaube ich

Einige Tage später

war es der Kopf

er schmerzte von Innen

viel schlimmer

am liebsten hätte ich ihn abgehackt

Meine Augen waren es

die mich dann kaputt machten

aber vielleicht –

war es

auch der Magen

dem man lauter Messer reinstach

aber am Ende

war es

doch mein Herz

das nicht mehr so schlug wie es schlagen
sollte

oder

es war

mein Verstand

der einfach durchdrehte

Zumindest

so etwa muss das Sterben (der Wahn-
sinn)

sein

Von Stadt zu Stadt

Langsam wird es Nacht

ich warte auf den nächsten Zug

Wohin ? ---

In die nächste Stadt

eine größere Stadt

Ich werde wohl

eine Stunde fahren oder besser

hinter mich bringen

um mich auf die nächste Bank zu setzen

Von dort fährt in dieser Nacht

kein Zug mehr,

aber

es gibt einen Wartesaal

schlechte verrauchte Luft

Gestank von Bier und Schnaps und Zigarettenkippen

kaputte Gesichter

Obdachlose

Asylanten

Drogenabhängige

Soldaten auf dem Weg

ein paar Frauen

schrecklich anzusehen

Sie alle wollen

im warmen sitzen und warten

in dieser wie in jeder Nacht

wie soll man die Zeit auch totschlagen

wenn man allein ist

mit sich

und der quälenden Angst vor einem neuen Tag

Bald wird es hell

ich steige wieder in einen Zug

Wohin ? ---

Wer weiß

Freunde

Ich sitze in einer Bar

allein

fast allein

ich trinke

die dritte Flasche vor mir

so wechseln die Freunde

der eine hat sich ausgequatscht

schon kommt der Nächste

Ich fahre nach Hause

sitze allein

fast allein

ich gucke fern

auf jedem Programm ein anderer Freund

und jeder mit einer anderen Story

es ödet mich an

ich gehe ins Bett

und schlafe allein

ich träume

bekannte und unbekannte Räume und
Straßen

ständig wechselnde Gesichter

schreiend wache ich auf

Du wirst nie ganz allein sein

wo du auch hingehst

egal in welches Land

egal in welche Stadt

nicht einmal in der Wüste

nicht einmal am Nordpol

kannst du vor deinen Gedanken sicher
sein

Anfang oder Ende

Ich lag auf dem Boden

hatte das Ende der Geschichte wieder
vergessen

ohne das Ende würde ich keinen Anfang
finden

er ist schwerer als das Ende

Die Zeugung ist meist wunderschön

von der Geburt das Kind nichts weiß

doch zu beidem oft ein schwerer Weg

und der Tod an jedem Ende steht

er kommt ganz selbstverständlich

er kommt von ganz allein

Beim ersten Schultag zittern alle Knie

ein neuer Job den Magen purzeln lässt

das Ende geht dann immer schnell

man kriegt ein Schriftstück in die Hand

dann muss man gehen

Welche Angst erfüllt den Verbrecher bei
seiner ersten Tat

er muss sich Stunden überwinden

doch später geht's dann von allein

es geht ihm leichter von der Hand

Der Anfang

muss halt schwer und manchmal grau-
sam sein

damit das Ende

dann auch zu ertragen ist

Vergleich

Wenn du einen großen grünen Apfel
siehst

dann ist das Nichts

weil die Strafe für den Biss

so grausam ist

Wenn eine Maus nicht mehr den Käse
frisst

dann ist das Viel

weil der gute Käse oft

am meisten stinkt

Angst vor öffentlichen Türen

Ausgesperrt

hinter der Tür da wartet Goliath

in ihrem Netz

der Kleber tropft von dicken Tauen

hier und da hängt ein Skelett

wieso bloß

will der Mensch dorthin

ich suche längst

nach andren Türen

hier draußen ganz alleine stehen

mit all den Kreaturen

die wild in diese Hölle rennen

so dumm

und primitiv

wie der Mensch halt eben ist

Die Geburt – Eine Niederlage

Die Frau

einsam in ihrem kleinen Zimmer

vor sich der Bauch

bei Gott

sie hat ihn nicht gewollt

sie war einsam wie jetzt

an diesem Abend

die Zeiten waren hart

ein Krieg verloren

was war denn dagegen zu sagen

gegen ein paar verträumte Stunden

mit einem netten Kerl

Der Kerl

lief durch die Straßen

auf der Suche nach einem Job

seit Wochen ohne Erfolg

an diesem Abend traf er die Frau

die ihm das Gefühl gab

doch noch etwas zu sein

von jemandem akzeptiert zu werden

er ging mit zu ihr

ein zu sich gab es nicht

die Nacht brachte Abwechslung

im tristen Dasein

Das Paar

gab es nie

er suchte am nächsten Tag weiter nach
Arbeit

an einem anderen Ort

sie vergaß ihn

bis der Arzt kam

der ihr die Wahrheit sagte

wie sollte es weitergehen

ohne Eltern, ohne Mann, ohne Arbeit

Abtreibung scheiterte am Geld nicht an
der Moral

es musste anders gehen

Das Kind

es wurde geboren

in einer dunklen Kammer

es lebte – und doch hatte es schon jetzt
verloren

sie wickelte es in Decken die sie fand

ging durch die Straßen

bis in die Dunkelheit

nirgends ein richtiger Ort

im Morgengrauen

sah sie ein Haus

groß genug für ein weiteres Kind

das Kind fing auf den Stufen

des Kinderheimes an zu zittern

die Frau

rannte in den Tod

Bei Fremden

Alles erschien noch auf dem Kopf

fremde Hände packten zu

schrien, liefen

welch ein Lärm

Augenpaare schauten runter

drückten fast den Schädel ein

tagelang ständig dasselbe

niemals nur ein liebes Wort

schimmelig welkten die Klamotten

auf dem armen kleinen Kerl

Wieder Fremde kamen plötzlich

klopften ihm die Nase weich

wie süß er war der kleine Spatz

Geschwister schossen aus den Zimmern

einer musst seins mit ihm teilen

die anderen waren alle Mädchen

dies sollt die Familie sein

die ihn nie liebt

und doch behält

Als der Vater von der Arbeit hingerafft

den Weg nach Hause nicht mehr fand

da wurd der Saft zum Überleben knapp

Der kleine Kerl war nicht mehr klein

nur die Statur zum Manne fehlt

man schob ihn ab

in eine Anstalt armer Seelen

dort wo man morgens darauf wacht

dass man sich duckt so tief es eben geht

wer dieses hier noch nicht verstand

dem war der Knast längst programmiert

Er sagte Mutter zu der Frau

die ihn im Stich gelassen

und Bruder – Schwester

zu dem anderen Müll

doch einer war dort unter ihnen

der schaute stets zu ihm herauf

er kam viel später als die andern

und später als er selbst

so blieb Kontakt zu der Familie

die er die Seine nie genannt

Die Liebe hier war auch nicht größer

doch hier waren alle gleich

ein jeder hat dasselbe Ziel

so schnell es geht

muss man hier raus

Zivilcourage

Jeder gewinnt

jeder zahlt drauf

das Leben geht weiter

oder nicht

Selbstgefällig

schauen wir alle zu

wir einem Werbespot

der einen guten Film verdirbt

2013

Zu Hause

5 Uhr

die normale Welt steht auf

6 Uhr

Mann könnte schlafen und kann es
doch nicht

7 Uhr

Mann möchte aufstehen und kann es
doch nicht

8 Uhr

Mann will liegen bleiben und steht auf

9 - 17 Uhr

Mann sollte etwas tun und tut es doch
nicht

18 Uhr

endlich

nicht mehr allein

18 - 22 Uhr

Abendprogramm

bringt Abwechslung

23 Uhr

Mann sollte ins Bett und hat Angst

Dunkelheit

3

2

Schlaftraum

Wahrnehmung

Es geht mir schlecht

Wohnung

Mann

Zwei Kinder

Es geht mir schlecht

Sky

120 cm Flachbild

Handyflat

Es geht mir schlecht

Arbeit

Voller Kühlschrank

Zigaretten

Es geht mir schlecht

Mittelmeerurlaub

Weihnachtsgeschenke

Essensreste ins Klo

Es geht mir schlecht

Sportverein

Sparfach

Gesund

Mir wird schlecht !

Das Meer

Es rauscht

mit unsagbar schönem Klang

mein Ohr

es hüpft und lauscht

und fällt mir fasst vom Kopf

Es schweigt

mit unsagbar schöner Ruhe

mein Auge

verliert sich und zeigt

hinaus in eine andere Welt

Es türmt

sich auf zu einer Wand

mein Wille

kämpft und stürmt

doch bricht sie nicht

Es umschließt

Dich ganz und gar

Du Mensch

gehst und fließt

mit in eine andere Welt

Endlich frei

Gewartet

Essen ist fertig

langsam könnte er kommen

vor 20 Minuten losgefahren

es ist immer Verkehr

25 Kilometer

jeden Morgen

jeden Abend

mit all den Irren da draußen

Dränglern

von ganz hinten Überhohler

Kolonnenüberhohler

die nichts sehen

kranke Gehirne

auf der Suche nach dem Kick

Selbstüberschätzer

einfache Angeber

Fehleinschätzer

Unerfahrene

Anfänger

Aufhörer

es klingelt

ein Polizist steht vor der Tür

Essen wird kalt

Der Baum 1

Ich habe ihn mir schon vor sehr langer
Zeit ausgesucht

er ist breiter geworden mit der Zeit

er steht dort unbeschadet

gut erreichbar

geradeaus

Heute morgen hat mich die Gewissheit
heimgesucht

es ist zu groß geworden das Leid

zu oft selbst getadelt

unbelehrbar

raus

Losgefahren

hin zur Endstation

keinem anderen Schaden

nur meinen Körper ramponieren

Lockführer sind einsame Menschen

brauchen nicht noch mehr Leid

Entgegenkommende

haben ein besseres Ziel

Zurückgelassene

bald ein neues

Eine Kurve

dann Geradeaus

Da ist er

Letzte Beschleunigung

in eine neue Welt

auf eine andere Ebene

wohin egal

nur weg

Hände nach oben

Augen geschlossen

Krampf in der Wade

ein letzter

Das letzte was ich höre

ist ein schreiender Baum

laut

so laut

das wollte ich nicht

Der Baum 2

Ein schöner Tag

ich der Parkplatz für Vögel

die Straße für Ameisen

Der Sauerstoffspender der Menschen

stehe hier

in meiner Kurve

und döse in der Sonne

seit Wochen sehe ich Ihn

er schaut mich seltsam an

irgendetwas an mir gefällt ihm

er fährt mit wässrigen Augen vorbei

Ich mache mir sorgen

er wird mich doch wohl nicht

als Hilfsmittel mißbrauchen

es dämmert

und da sehe ich ihn

um die Kurve kommen

er fährt schnell

zu schnell

was tut er da

hebt die Hände vom Lenkrad

schließt die Augen

das darf er nicht

ich spüre den Schmerz des Aufpralls

alles löst sich auf

ich schreie

schreie so laut ich kann

und gebe ihm das mit

auf seine Reise

dass er mich nie vergisst

so leicht

ist sterben nicht

Geköpft

Einsam steh ich hier

auf meinem Hals

die Augen sind bisher

an mir vorbeigefallen

an diesem Herbsttag

Goldener Oktober

pah

die Nächte sind feucht

und kalt

die Sammler

sind unterwegs

und auch die Jäger

doch die stören mich nicht

nun hat mich eins getroffen

ist genau

auf mich drauf gefallen

dieses blaugrüne Auge

jetzt fasst es meinen Kopf

da ist die Klinge

und trennt

mir den Hals durch

zurück bleibt nur

ein Stumpen Pilz

Halloween ?

Überall Geschrei

Messer bis zum Schaft in der Brust

Das Blut sudelt nur so raus

aufgeschnittene Halsarterie

es spritzt bald zwei Meter hoch

Axt mitten im Schädel

der Kerl schwankt über die ganze Straße

Kinder fehlen Arme oder Beine

sie hinken oder schlurfen

entsetzlich entstellte Gesichter

Fratzen

und immer wieder Blut

es ist grauenvoll

was uns die Amerikaner

da aufzwängen

einfach ekelerregend

dieses Kürbisfest

Regen

Die Tropfen drängeln sich

sie wollen alle als erste aus der Wolke

um dann

nebeneinander her

auf die Erde zuzurasen

sich nicht vernaschen zu lassen

eventuell einen anderen Tropfen aufsau-
gen

schneller und schneller

geht es hinab

die Luft wird schlechter

immer mehr Dreck

bleibt an einem haften

jeder einzelne wird schwerer

der Wohlstandssmog

erste Zweifel

der Flug geht weiter

wird immer schneller

langsam

ist

man nur noch ein trockener

Klumpen

Dreck

kein Glitzer

kein Glanz

nur Dreck

wäre man doch

in seiner Wolke

geblieben…

Worte

Von Fremden gesät

auskeimend

heranwachsend

die meisten

sprudeln kullern schießen

gleich einem Vulkanausbruch

den Hals hienauf

in Form gebracht

über die nasse Zunge

durchschossen

durch wulstige Lippen

in die Freiheit

suchend

nach einem Ohrkanal

um in Hirne

einzudringen

um Heil

oder Unheil

um Segen

oder Strafe

um Liebe

oder Hass

um Freude

oder Leid

um Wahrheit

oder Lüge

um Leben

oder Tod

zu verkünden

hinauszuschreien

zu flüstern

zu sagen

nur selten haben die Worten Krallen

um sich festzuhalten am glitschigen Hals

in letzter Sekunde den Eispickel in die
Zunge zu rammen

um zurückzukriechen und dort zu blei-
ben

wo unausgesprochen

nicht geschrien

nicht geflüstert

verharrt und verkümmert

und keine Freude

oder Leid

keine Liebe

oder Tod

keine Wahrheit

oder Lüge

verbreiten müssend

damit die Saat der Anderen nicht auf-
geht

Stiefel

Wieso zieht es den Stiefel zum Kopf

wieso zieht es ihn nicht in den Dreck

vermutet er Dreck in dem Kopf

oder ist der eigene Kopf so voller Dreck

Verwaltungssprache

Schwarzfüße

Turbanträger

Frauenverhüller

Geldwäscher

Russenmafia

Inselaffen

Wasserpfeifenraucher

Spaghettiefresser

Zigeuner

Schwanzlutscher

Schlitzaugen

Kameltreiber

Vietcong

Nigger

Gelbhaut

Schwuchtel

Rotgesicht

Migrant haha

Beamtendeutsch in Nazideutschland
2012

Ausgetrunken

Der Körper ein Glas

vom Hals an Stiel

darüber zerbrechlich

befüllbar

ein Leben lang

mit allerlei Müll

und sonstigem

staatlich – B-Zeitungsgesteuertem

psychologisch wichtigem

entleerbar

mit einem Mal oder langsam

ohne Rückstände

ohne Erinnerung

ohne Wert

Ausgetrunken

Kopf aus Glas

Sie kommen immer in Gruppen

auf Ihren Betonschädeln wächst kein
Haar

nur ein kleiner Schnurbart bürstet im
Kopf

Ohne Führer laufen sie ziellos umher

Sie wissen genau welcher Mensch
schlecht ist

welcher Mensch nicht zur Rasse gehört

welcher Mensch für die Jagd freigegeben
ist

von Ihrem Führer

dem armseligen Irren

ohne Hirn

Sinnentleert

labernd von Stolz und Ehre

sie um sich versammelnd

rekrutiert auf Spielplätzen, in Kneipen,
vorm Arbeitsamt

die Perspektivlosen, die Dummen, die
Kinder

abgefüllt ziehen sie los

und zerschlagen und zertreten was
ihnen unter die Stiefel kommt

es bleiben Scherben

die wegschwimmen

auf dem Blut und dem Hirn

derer

die dazwischentraten mit Mut und Wil-
len

Nur ihr Kopf war nicht aus Beton

er war nur aus Glas

Geänderte Zeiten

Liebe gefunden

Brillengläser gewechselt

halb so wild

der selbe Mensch

Hochzeit Kind

Verantwortung

Gedanken

Gedanken

Gedanken

Was wisst Ihr schon

alles anders

Wie sollt Ihr es auch verstehen

so ohne diese Verantwortung

Nur ich allein

ich allein

Ich (meine Frau, das Kind, Ich)

weiß jetzt was gut ist

Was war

ist schlecht

So ist es

DIE ZEITEN ÄNDERN SICH

Da quatscht mir keiner rein

mir nicht

Neider

Du gehst durch die Räume

in Gedanken bei Deinem Projekt

zugeteilt vom Chef

plötzlich trifft dich ein Pfeil

ein Giftpfeil

über dem rechten Auge

dringt nicht tief ein, bleibt stecken

Blut läuft übers Auge und hinein

du erschrickst etwas verspätet, spürst
Schmerz

schaust auf und siehst durch den bluti-
gen Schleier nichts

da trifft es dich schon wieder

im Oberschenkel,

der Pfeil geht am Knochen vorbei glatt
durch

die Hose verfärbt sich vom austretenden
Blut

du schreist kurz auf

keiner hört dich

der nächste jagt dir in die Schulter,
durchtrennt den Muskel

dein Arm hängt schlaff herab

welcher Schmerz ist größer

keine Zeit

darüber nachzudenken

es durchschießt deine Wange

die Zunge liegt frei

dein Auge wird aufgespießt und hin-
durch ins Hirn gejagt

du verlierst das Bewusstsein

kippst vorne über

Die Neider drehen sich um und gehen

und du überlegst, ob du kündigen sollst

Discobesuch

Sonntagmorgen Zweiuhrdreißig

auf der alten Landstraße

auf dem Weg nach Hause

Allein

Schwarze Schuhe

Schwarze Socken

Schwarze Hose

Schwarzes Shirt

Schwarze Jacke

Schwarze Kappe

Ein weißer Wagen kommt von hinten

ich sehe ihn nicht

kann ihn hören

er sieht mich nicht

kann mich nicht hören

nimmt mich mit

auf getrennte Wege

ich wollte nicht

ich stieg nicht ein

ich hinterließ Flecken auf seinem Weg

er hinterließ kaputte Knochen

und auslaufendes Hirn

eine weiße Unterhose

doch die sah er erst jetzt

am Straßenrand

Landstraßenrand

Er fuhr nach Hause

glücklich - wurde er nicht mehr

mir stellte sich diese Frage nicht

mein Film endet mit einem Discobesuch

am Samstagabend

Weihnachtsmarkt

Vier Mann standen auf dem Markt

direkt unter der Kirche

leise vielen die Millionen Flocken

sie tranken

Glühwein

Punsch

Feuerzangenbowle

im Wechsel

der erste kam mit seinem Wagen

bis kurz vor seinen Heimatort

dort hatten ihn die verdammten Flocken

an einen Baum gelenkt

der zweite

überfuhr noch im Ort

einen kleinen Jungen

und dann nach Hause

bis ihn die Polizei abholte

der dritte

wurde angeschwärzt

von aufmerksamen Mitbürgern

die ihn losfahren sahen

der vierte kam nach Hause

wie schon so oft

doch beim nächsten Mal

wird er zu den anderen dreien gehören

Ist es das wert?

Unterschied

Wir gingen gemeinsam durch all diese
Türen

traten über all diese Schwellen

hörten die gleichen Worte

sahen die gleichen Vorstellungen

gingen auf dem selben Weg

feierten Miteinander

lachten Zusammen

bestellten das gleiche Menue

fuhren immer zusammen los

und kamen doch

immer alleine an

Rote Weihnacht

Die Schneeflocken

fallen blutrot vom Himmel

verteilen sich übers Land

bedecken die Felder und die Häuser

die Tannen und die Wiesen

die Kirchen und Moscheen

gespenstisch guckt die Sonne

durch das rote Meer

Blutende Schneemänner

werden von rotgekleideten Kindern ge-
baut

Eiszapfen bluten von den Häusern

Blechlawinen rutschen durchs Blut

Der Himmel brennt

Frauen und Männer, Gläubige und
Staatsfeinde

retten sich in Ihre Häuser

lautlos fällt das Blut vom Himmel

glitzernd, funkelnd sternengleich

Terror im Himmel

wie jedes Jahr

Koalition

Ein schwarzer und ein roter Frosch

sitzen sich gegenüber

sagte der Schwarze

„Wir werden siegen"

darauf der Rote

„das glaube ich nicht"

erwidert der Schwarze

„doch doch uns hilft der Gelbe"

spontan der Rote

„wir haben den Grünen"

der Schwarze schüttelt den Kopf

„das wird nicht reichen"

sinniert der Rote

„zur Not haben wir auch noch den Dun-
kelroten"

der Schwarze entsetzt

„jetzt ist es raus"

der Rote gelassen

„das bleibt unter uns"

Ein paar Tage später

sitzen die beiden wieder am Tisch

da sagt der Schwarze und der Rote

wie aus einem Munde

„Gut dann machen wir es halt zusam-
men"

und der Gelbe

und der Grüne

und der Dunkelrote

sind vergessen

Vergessen

Sitzt ein Mensch am Wegesrand

wächst Gras und Blumen

ihm aus Nas und Ohr

frisst sich der Wurm

durch sein Gedärm

Sind Augen nur noch leere Höhlen

und Atem kommt

kein Einz'ger mehr

Das Grab

in dem er liegen sollte

war nie bestellt

das Geld war knapp

so hat man ihn

hier hingesetzt

und schlicht vergessen

Abgetaut

In dem Moment

in dem ich in die Küche gehe

und die Kühlschranktür öffne

zerreißt etwas in meinem Kopf

es knallt

und dann

verschwindet der Boden unter den Fü-
ßen

erst zwei dann zwanzig dann zweihun-
dert Meter

Der Magen krampft

das Herz pumpt

Blut so viel es kann

die Lunge bläht sich auf

der Darm will sich entleeren

die Ohren kreischen

die Augen treten aus

raus aus den Höhlen

und fliegen weg

die Nase nimmt noch etwas war

die Gedanken zeigen Ihren letzten Film

aus dem Kühlschrank scheint das Licht

als man mich findet

ist alles verdorben

der Körper wie die Wurst

21.Dezember im Jahre Zweitausend-zwölf

Heute ist es so weit -

Kinder werden tausendfach verhungern

Kriege werden ungehindert fortgeführt

Hunderte werden auf den Straßen erfrie-ren

tausende kommen in Ihren Autos um

zigtausende werden ihr Leben selbst be-enden

einige werden andere mitnehmen

Erdplatten werden aufeinander krachen

Wilde Stürme werden wüten

Eis wird schmelzen

Flüsse werden überlaufen

Feuer werden ausradieren

Explosionen werden Schrecken bringen

- so weit, wie an jedem anderen Tag

und auch die Majawelt

sie wird nicht untergehen

Falsch eingeschätzt

wie viel sind es

sag schon

sieben acht oder zehn

der dritte von vorne

hat der einen Anhänger

der überholt nie

es überholt keiner

was ist mit denen los

so jetzt oder nie

es klappt

Wagen 1

ja es klappt   Wagen 2

los jetzt   Wagen 3

und 4

hey hey   Wagen 5

wollte doch glatt rausfahren

130 km/h   Wagen 6

mit Anhänger

eine Kuppe   Wagen 7

Du siehst nichts   Wagen 8

    los los los
            Wagen 9

    wo kommt der denn her
nicht Wagen 10 nein der von vorne der
        kommt einen zu früh

            scheiße

        laut   heiß

            dunkel

            Blut

            rot

            Tod

Wahltag

Monate der Lügen

sind durchs Land gezogen

Massenzeitungen

haben die Massen gehetzt

Programme wurden nur halb genannt

Gegnerische wurden beschmutzt

Duelle wurden vor Kameras ausgetra-
gen

durch Umfragen die Sieger ermittelt

In den Staedten

gab es Blumen für die Frauen

und Ballons für die Kinder

der Wähler wurde gekauft

an mancher Tür wurde geklingelt

die Klinke geputzt für die Stimme

gesäuselt und geheuchelt

wahlversprochen

bis zum Tag

danach beginnt die Zeit des Vergessens

nur mit den Lügen

da geht es weiter

wer will da noch los

an diesem Wahltag

Gelegentlich

Gelegentlich

schlaf ich am Morgen zu lang

Gelegentlich

dauert das Frühstück dann zwei Stun-
den

Gelegentlich

lauf ich dann ein Stück

Gelegentlich

fühl ich mich dann wohl

Gelegentlich

gibt es dann kein Mittag

Gelegentlich

einen Kaffee dann gegen drei

Gelegentlich

gehe ich am Abend dann essen

Gelegentlich

trink ich dann dazu

Gelegentlich

geh ich dann noch tanzen

Gelegentlich

wach ich dann in der Fremde auf

Gelegentlich

ist das dann sehr erholsam

so ein Wochenende

an einem anderen Ort

Abgesagt

Gehofft

Gebangt

nichts verlangt

ein Traum

ein Job

so nah

und doch so fern

ein Brief

ein Zittern

Hoffnung

keimt

verwelkt

Zeilen

verschwimmen

Tränen

Wut

und

doch

nur

nicht

gewollt

In der falschen Welt

Ich stand vor zwei Tischen

doch konnt ich mich an keinen setzen

der Eine

überragt mich vierfach

meiner Größe

der Andere

ist nur ein Zehntel

meiner Beines Länge

die Stühle

passen

zu den Tischen

Ich muß stehen

oder gehen

Wintermorgen

Sonne bricht durch

minus elf Grad

Sonne streichelt

die wenig freie Haut

Sonne wärmt sich durch die Schichten

aus Wolle

sticht ins Hirn

und bringt

ein Lächeln

aufs Gesicht

Suche

Parken, Rasten, Ruhen

ist das alles

was wir tun

In diesem einen unserem Leben

sollten wir

nach bessrem Streben

In der Hölle wir sonst schmachten

weil selbst die Würmer

uns Verachten

Manchmal

Manchmal

denk ich 24 zurück

manchmal

auch 48

dann wieder

sind es 365

und ein anderes mal

einfach 10

Mal sind es Stunden

mal Tage

mal Monate

und immer ist es nur **Vergangenes**

was wunderbar so anklopft

mich aber jetzt

irgendwie

nur noch

traurig

macht.

Rot

Aus den blauen Äpfeln

Tropft es rubinrot

Auf der Wange

bricht es den Knochen

in tausend Punkten

sommersprosst es die Flügel

Tränen der Liebe

sind immer

aus Herzblut

Sucht

Geboren

gestrandet

geträumt

gegeben

genommen

gefallen

reingefallen

Genug

Nein

Niemals Genug

Schönheit

Dem Marienkäfer fallen die Punkte ab

der Giraffe schrumpft der Hals

die Elefanten bekommen Dackelohren

Löwen zieren Hamsterzähne

Ameisen liegen faul auf dem Stein

Leoparden kriechen wie Schnecken

Regen fällt nach oben

Schnee fällt schwarz und trocken

und der Mensch

muss zusehen

wie er zurechtkommt

in der neuen Welt

Geschaffen von einem neuen Gott

mit anderem Humor

er muss bestimmen

was er fortan

als schön bezeichnen will

Ein Kuss

Ich schicke Dir

einen Kuss

den Du nicht

nehmen musst

Aber vielleicht

ist er ja für Dich

ein Genuss

der für immer

bleiben muss

Ich schicke ihn nicht

in einem Brief

„der kommt niemals an"

der Postmann leise rief

Ich schicke ihn

mit der Luft

mit der leisen Hoffnung

dass er nicht verpufft

Spiegel

Ich stehe

hin und wieder

vor einem Spiegel aus Blut

ich schaue rein

und durch den Kopf

den ich dort seh

da rasen viele Fragen

doch sie zu stellen

macht so keinen Sinn

denn die Antworten

gibt er mir nicht

er grinst

und bleibt

nur rot

und tot

Tretmühle

Sie kamen am helllichten Tag

Ich saß in der Sonne

Sie schlugen mich von meinem Stuhl

und ich die Augen auf

Sie setzten mich aufs Rad

und ich die Brille auf

Sie stellten einen Bildschirm hin

und ich mich vor

Sie erklärten mir das Spiel

und ich ihnen meine Sorgen

Sie sagten ich müsse treten

und ich das ich muss und zwar zur Toilette

Sie erklärten dass ich niemals mehr aufhören darf

und ich das es dringend sei

Sie schalteten den Bildschirm an

und ich einen Gang runter

Sie zeigten mir die Welt

und ich auf meine Kinder

Sie gaben mir ein Tempo vor

und ich schon auf

Sie meinten dass ich zu langsam sei

und ich das ich nicht schneller könne

Sie lachten als sie sahen

dass es mir verging

Sie sahen auf den Bildschirm

und ich die Kinder sterben

Sie gaben mir die Schuld

und ich mir dann den Rest

Ich wollte nur noch sterben

und sie das ich fürs Leben weiter trete

Irren ist Geheim(dienstlich)

Eine kleine Linse

Stecknadelköpfe

Oben im Bildschirm

Wissbegierige Köpfe

schaut Dir zu

Notierende Köpfe

denkt nicht, speichert

Denkende Köpfe

ist nur aus Glas

Kombinierende Köpfe

ist immer da

Vermutende Köpfe

sieht Aus aus

Verhaftende Köpfe

falsch notiert

falsch gedacht

falsch kombiniert

falsch vermutet

falsch verhaftet

Egal, es war Geheim

Die Ruhe

Verzweifelt

suche ich unter der Sonne

nach Ruhe

sie ist fort

ich habe sie verloren

oder

man hat sie mir aus dem Herz gelogen

als ich nicht aufpasste

weil ich zu sehr

mit dem Mond beschäftigt war

Waldrandgeschichte

Orangenes Haar bis auf den Boden

schaut hinterm Baum hervor

Das Eichhörnchen sitzt ausgestopft

auf einem Ast

Eine Frau kommt vorbei geflogen

und singt ein Lied von der Schwalbe

Ein alter Mann begräbt sich unterm
Moos

die Ameisen schauen interessiert zu

die Schweine sind im grünen Wald

so gut zu erkennen

ach wie wär das schön im Häuserwald

Zum Schutz des Volkes

Sie sind uns auf der Spur

wir müssen etwas tun

wir müssen ihnen zeigen

was wirklich – wirklich gut ist

die Bedrohung ist zu groß

das können sie nicht begreifen

sie sind doch alle dumm

es muss etwas passieren

und wir müssen es entdecken

also fädeln wir es ein

um zu wissen was passiert

Opfer können dabei helfen

die wirken meist am besten

das sind wir uns schon schuldig

einfädeln tun wir es dann anders

und dann ist endlich wieder ruh

und wir spitzeln friedlich weiter

nun lasst uns endlich handeln

nicht nur

geheim und dienstlich denken

Vier Augen sehen anders als zwei

Ein kleiner Ort

eine Bank vor der Kirche

ein naher Wald

freundliche Bewohner

Sonnenschein

Kaffeeduft, Kekse

Vogelgezwitscher

Kirchturmglocken

Gänseblümchen

wo ist all das hin

hast Du es mitgenommen

als wir zusammen hier waren

ich seh nichts mehr

in diesem Ort

Ein Leben 1

Ich bin in den Regen getropft

um anschließend

in der Sonne unterzugehen

zuerst ist es ein Traum

dann werde ich von Blitzen geschlagen

und es bleiben viele Narben

aus dem Traum wird Hoffnung

und die Sonne scheint aufzugehen

ich seh mich schon so braun gebrannt

doch dann kommt es anders angerannt

aus der Hoffnung wird nun Illusion

und dem Glauben fehlt die Kraft

der Illusion grätscht die Angst dann in
die Seite

Fragen

werden viel gestellt – Antworten bleiben
alle aus

die Angst gleicht einer Espe

das Zittern rüttelt schwer am Herz

Ich will doch nur ein wenig Glück

doch wer zu viel will

bekommt am Ende nichts

und so fließt mein Blut

mit der Sonne in das Meer

und es gibt ein schönes

Abendrot

Gegangen

Am frühen Morgen

Seite 43

Rechts oben

Dein Name

Wieso **Dein** Name

Wieso auf dieser Seite

48 Jahre

Ein Datum mit einem Kreuz

hinter dem Datum mit einem Stern

Träne tropft

in den Teich

der Traurigkeit

kein letztes Wort

kein letzter Blick

fortgeschwommen

den Fußspuren deines Lebens

folgt mein Blick

hinter dem Licht

verschwimmen sie

du bist gegangen

einfach gegangen

Knie im Salz

Gesprochenes Wort

Musik

Gesprochenes Wort

Musik

Gedachtes Wort

leise Musik

Tränensäcke

hergeschleppt

und ausgeleert

literweise hingeschüttet

schwappt es um die Füße

hoch zum Knie

Knie im Salz

aufgerichtet

durchgestreckt

den leeren Sack geschultert

und weg gebracht

in die Ecke gestellt

in die Trauerkammer

bis zum nächsten Mal

Pub

Zweihundert Leute

tanzen und hüpfen und trinken

schreien gegen die Musik

verstehen sich ohne ein Wort zu hören

neue Bekanntschaften werden möglich

meist nur kurz

man lacht und weint

man trinkt und raucht

der Boden bebt

das Klo verdreckt

Pillen wechseln die Hand

und verschwinden im Mund

Zeit ist egal

Morgen ist weit weg

zwinkern, lallen

Glück

Ein Schlag

Das Dach stürzt ein

Ungläubige Schreie

Panik

Blut

Acht Menschen tot

192 können nie mehr feiern

wie vor diesem Tag

diesem Tag im Pub

Augenwasser

Süßes Augenwasser fließt
aus fröhlich heitren Köpfen

Salziges
aus traurig müden

All die Meere dieser Welt
sind trauriger Beweis
für eine traurig müde Welt

Doch soll der Mensch
voll Freude sein
solang er ist
und Salz
nicht durch die Augen

fließen

denn wenn du lachst

dann fließen

süße Bäche

hinab

an deinen Wangen

Abschied

Aus den ankommenden Wagen

schälen sich schwarze Stoffe

knirschen hin

zu der Kapelle

Augen suchen

Stiefelspitzen

Kondenzkreuze am Himmel

kondolieren schweigend

Zurückblickende Worte

fließen in die Ohren

schreiende Stühle

symbolisieren den Aufbruch

die Menge geht

auf salzigem Grund

Verbrannter Mensch

verschwindet im Gras

zurück bleibt   ……

Die Welt dreht sich im Kreis

Gedanken

marschieren

in Marienkäfern gefangen

den Regenbogen hinauf

Der Regenbogen

wird von einem Flugzeug

zerschnitten

Die Gedanken fallen

in all den farbenfrohen Tropfen

auf die Erde zurück

versickern im Boden

und tränken den Baum

Der Baum denkt

wäre ich doch ein Marienkäfer

dann könnte ich

den Regenbogen

hinauf marschieren

Amnesie

Gedanken verloren

sich auf dem Weg

den ich ging

zerfielen

mit jedem neuen Schritt

zu Kies

zurück blieb nur

das schwarze Tuch

der Nacht

Der Kopf stand

leer

auf grauem Hals

Werte der Neuzeit

Millionen

für Stadien

die keiner braucht

Millionen

für Hotels

die sich keiner leisten kann

Millionen

Verhaftungen

damit sie keiner sieht

Millionen

Knüppel

damit sie keiner hört

Millionen

Gummigeschosse

schließen die hungrigen Mäuler

Millionen

Bulldozer

begradigen die Schandlöcher

Millionen

sozialer Gelder

verfehlen ihr Tor

Millionen

Verdienende

treten das Leder

Millionen

Entfernte

schauen verdummend zu

Millionen

schwere Last

wird weggeworben

Millionen

Sekunden später

legt sich das Tuch der Armut

zurück über das vergessene Land

Zu spätes Rendezvous

Dort liegt die Hand

schmal und zart

auf der Tischplatte vorm Restaurant

hinter der Kerze

neben dem Aschenbecher

ich will sie greifen

will sie in die Meine nehmen

und festhalten

wie ich es schon so oft wollte

doch

ich greife ins Leere

der leere Tisch

steht da und lacht

gedacht

erdacht

herbeigedacht

so gedachte Hand

tut weh

ohne einen Schlag

ihr niederträchtiges nicht existent sein

ihre Täuschung

im Kopf – da

auf dem Tisch – nicht

und doch ein Schlag ins Gesicht

von innen heraus

doppelter Schmerz

außen wie innen

wo ist er nur hin

dieser wunderbare Mensch

an dieser Hand

Endlich zur Mutter

Der Tod

war im Körper unterwegs

er holt sich das Leben

Aus den knöchernden Händen

den verbogenen Fingern

waren die Reste verschwunden

Die verbliebende Hand

lag kalt in meiner

Die Lider zuckten unentwegt

doch sie sandten kein SOS

nein sie schrieben nüchtern

lebe wohl

Der Tod war gnädig

auch zu mir

er wartete

bis ich gegangen war

bis ich los ließ

Dann packte er die Reste

zusammen

rannte noch einmal

vom Auge zum Zeh

von Daumen zu Daumen

zurück in den Kopf

Er machte die Lichter

aus

und verschwand

mit dem letzten Atemzug

aus dem Körper

hinaus

aus dem Zimmer

hin

zur wartenden Mutter

Am Rand

Ich stehe Dir jetzt schon seit einer Stunde gegenüber und überlege ob ich Dich wirklich fragen soll. In meinem Kopf rauscht es als wärst Du direkt hinein geschwappt. Vielleicht weißt Du bereits, was ich fragen will und versuchst mir die Frage aus dem Kopf zu spülen, doch die hängt dort wirklich schon ziemlich fest drin. So viele Menschen sind damals gestorben, es war so unfassbar, mit welcher Kraft Du geweint hast, das solche Tränen heraus und hinüber schwappten. Es kann nicht um den Einzelnen gegangen sein, auf ihn hättest Du warten können, vielleicht war es am Ende einer, der das sogenannte Fass zum überlaufen brachte. Man könnte glauben, Gott sei zu Wasser geworden, um die Ungläubigen wegzuspülen.Lässt Du Dich von Gott missbrauchen? Nein nein, das ist nicht die zu stellende Frage.

Manchmal wenn ich hier so stehe, und das tue ich oft, und ich Dich fragen möchte, habe ich das Gefühl, das Du mich anschaust, tief in mich reinschaust und denkst, was für ein Wurm, wenn ich wollte könnt ich ihn holen, wahrscheinlich würde er sogar von alleine loslaufen. Dieser Blick der dann auf mir haftet, könnte mein eigener sein, zurück gespiegelt auf die Netzhaut, das wäre eine logische Erklärung, doch mit Logik kommt kein Glaube zu Stande.

Ich bin mir sicher das Du ein riesiges Auge bist, sonst würde meine Frage ja gar keinen Sinn ergeben, würde überhaupt noch etwas einen Sinn ergeben? Ich stelle mir vor wie ich so am Rand auf deinem Tränensack stehe und auf Dich hinausschaue, ich muss daran denken wie ich in Dir gebadet habe und dein salziges Tränennass mir in den Mund lief, mich schaudert.

Ein Paar geht hinter mir am Strand entlang und plaudert belangloses vor sich her, du brauchst es nicht zu hören, du bist kein Ohr, nur sehen musst du es doch, das ist diesmal nur das halbe Leid. Wie verschwenderisch wir mit unserer kostbaren Zeit umgehen. Plaudern sinnlos,

wertlos vor uns her und wissen nichts
von unserem Sinn.

Leise wandern die ganzen anderen Wel-
ten um meine Füße, jeder Sandkorn eine
Welt mit Millionen von Menschen, dicht
an dicht gestapelt und doch keine Verbin-
dung, nur wenn der Tod kommt wechselt
ein Mensch den Sandkorn und fängt von
vorne an. Wie sind diese Welten hier her-
gekommen wer hat sie hier her geworfen
, ist es ein Weltenendlager und ohne Le-
ben, nur mit Seelenleben, wird auch un-
sere Erde eines Tages neben vielen ande-
ren liegen und nur noch die Hülle für all
die verlorenen Seelen darstellen. Hat Gott
schon Millionen von Welten verspielt,
zusammengeknüllt und weggeworfen
weil er nicht weiter kam, bei Level 73 ist
jedes mal Schluss er kommt einfach nicht
weiter.

Ich hebe einen Sandkorn und werfe ihn
dir ins Auge, er springt noch ein paarmal
auf und versinkt dann wird er mit der
Zeit zurück an den Rand gespült und
setzt sich fest, er wird dich stören, du
wirst versuchen ihn fortzuspülen, doch

es wird nicht gelingen. Dieser Sandkorn dreht und windet sich versucht sich wieder frei zu schwimmen, er will Aufmerksamkeit, er will Anerkennung, er ist aus anderem Holz geschnitzt, er lässt sich nichts gefallen, er will die Welt verbessern, er will sie befreien von der Sünde von den Amerikanern von den Ungläubigen, zumindest denen die nicht seinen Glauben glauben. Er schnappt sich einen Gürtel, der ist behängt mit viel Sprengstoff und er will losziehen und allen zeigen was richtig ist, dafür müssen andere mit ihm gehen so sieht es sein Glaube vor.

Ich stelle mir vor das hier die Antwort auf meine Frage sein kann, so etwas kann man nicht mit ansehen, und du kannst dein Auge ja nicht schließen. Du musst dir alles anschauen, du kannst nicht den Fernseher abschalten und keine Zeitung mehr lesen, nein du musst hinschauen und kannst dann sehen wie du damit fertig wirst.

Ich gehe noch ein Stück näher ran und knie mich vor Dich hin, lege meine Hände in dein Auge und spüre wie du mich in dich reinziehen möchtest, ich reiße meine Hände zurück und falle nach hinten in die toten Welten. Ich schaue in den Himmel und höre dein schnaufen.

Was hat Dich so traurig gemacht, das Du diese riesige Träne über das Land und all die Leute geweint hast?

Sommermorgen

Mir lief eine Spinne über den Rücken, ich spürte die sechs kleinen Füße wie sie sich gegenseitig überholten und wartete bis sie rüber waren. Ich schlug die Augen auf und merkte das es schon hell war, sonst tat sich noch nichts im Haus, ich griff vors Bett und fand die Wasserflasche die ich gestern Abend dort hingestellt hatte und nahm einen Schluck. Wir waren vor drei Tagen angekommen vierzehn Stunden in zwei Wagen bei dreißig Grad und seit dem hatten wir gefeiert.

Ich spürte das Wasil wach war und sich eine Dose Red Bull öffnete, knack, zisch, die gute alte Dose, so dick waren die Wände nicht. Ich stand auf und ging in die Küche, zum Kühlschrank, leer. Ich ging ins Bad, ein wenig kühlendes Wasser ins Gesicht und fertig. Ich zog mir was über und ging vors Haus, Wasil wartete bereits.

Wir gingen die Straße runter zur Anlegestelle, es ging steil bergab, es war noch nichts los, die Touristen schliefen, die Einheimischen hatten keine Jobs, ein paar

Fischer saßen bereits am Wasser, es war vier Uhr dreißig.

Ein einsamer Laden hatte bereits auf, für die die nicht schlafen konnten, für die die so früh bereits etwas brauchten. Wir kauften ein paar halbe Liter eiskalte Bier und setzten uns erst mal ans Wasser. Es ist die schönste Zeit am Tag, keiner pöbelt mehr einen anderen an, jeder ist mit sich selbst beschäftigt und bereitet sich auf einen neuen Tag vor, die Vögel singen ihr immer gleiches Lied und der Tod legt eine Pause ein und wartet.

Ich hätte mich gerne ein wenig mit Wasil unterhalten, nur war reden schon am Abend für mich eine Überwindung, also ließ ich es sein. Wir schauten auf das glatte Wasser, es lag ruhig dort, wie ein schlafender Tyrann, man traute ihm keine Abscheulichkeiten zu, so einer würde keine Mädchen einsperren nur damit sie nicht weiter in Kirchen über ihn singen. Ich konnte mir nicht einmal so ein Straflager vorstellen, wo man sie ruhig stellen sollte. Ich kannte eingesperrt sein nur von unseren Erziehungsberechtigten in Tarnanzügen aber auch dort sollte es dazu dienen seine Zugehörigkeit zu überdenken.

Eine kleine Brise kam auf, der Tyrann schien zu erwachen, Wasil machte sich sein zweites Bier auf und nahm einen tiefen Schluck. Er sagte Guten Morgen zu mir, oder zur Welt. Die Angler packten ihre Sachen zusammen und zählten ihren Fang, keinem kam ein Lächeln über die Lippen, es war wohl eine Nacht wie jede. Die ersten Brötchen wurden ausgefahren und wer eine richtige Arbeit hatte fuhr los, ich sah keinen.

Ich zündete mir eine Zigarette an und nuckelte an meinem Bier, langsam bekam ich Hunger. Ich ging rüber und holte mir ein Brötchen, es schmeckte. Ich aß es im Gehen und als ich zurück bei Wasil war hatte er sich umgesetzt und hielt beide Füße ins Wasser, es schwappte ihm bis ans Knie. Ich gab ihm ein Brötchen und nickte ihm zu, zog mir die Schuhe aus und stellte meine Füße vors Wasser auf die Steine. Ich bin nie so weit gegangen wie Wasil, mir fehlte der Mut.

Ich sah wie das Wasser zwei Hände formte, erst waren sie noch ein Stück weg vom Ufer und Wasil fing an mit den Beinen zu wackeln, er rührte im Teich und wühlte so manches nach oben. Die Hände kamen näher, doch er schien es nicht zu bemerken und strampelte fröhlich weiter, er konnte seinen Mund nie halten. Die Fingerspitzen mussten ihn bereits berühren, doch es störte ihn nicht.

Ich wollte zu ihm sagen, das wir, das er vorsichtiger sein müsse, sonst würden sie ihn holen, doch ich redete immer noch nicht so gerne. Die Wasserhände waren nun an ihm dran, er hatte sie ganz offensichtlich nicht kommen gesehen, sie packten ihn an den Waden, an den Oberschenkeln, eine weitere schoss aus der Tiefe und packte ihn am Hals und riss ihn vom Ufer hinaus ins Meer. Eine halbvolle Flasche Bier blieb zurück, sie stand auf der Mauer einen halben Meter neben mir, meine Füße waren trocken und standen auf den Steinen, ich hatte meinen Mund gehalten.

Ich blieb noch eine kleine Weile sitzen und sah in den großen Spiegel vor mir und als mir schlecht davon wurde ging ich zurück, den Berg wieder rauf um Kaffee zu kochen und Bescheid zu sagen das wir auf der Rückfahrt in ein paar Tagen einer weniger sein werden.

Die ersten Worte an diesem Tag. Es gab keine Fragen, denn zu viele Fragen endeten zu oft im Wasser.

Ich hatte die Brötchen für die anderen vergessen und ging nochmal los, allein.

Ein Versuch abzuhauen

Als ich in den Park ging, dachte ich. ein angenehmer Ort um sich abzulegen, unter diese alten Bäume die schon alles gesehen hatten. Die würden mich übersehen und in Ruhe lassen. Der Boden roch angenehm und war trocken, ich schwitze, stank und war feucht, welch ungleiche Kombination, so war es im Leben, immer einer der anders war, der einen belehrte, der es besser zu Wissen glaubt, dabei wusste er meist nichts. Ich setzte mich auf den trockenen Boden und tropfte ihn feucht. Das Licht entfernter Laternen schimmerte durch die Blätter. Ich kippte sie erst in die Hand und dann in den Schlund, verdünnt mit anheiterndem Getränk. Die Gedanken wurden zäh und verlangsamten sich zusehends, die Lichter wurden schwächer und alles war gut.

Die Augen schlugen sich wieder auf und sahen die alten Bäume nun angestrahlt von mittäglicher Sonne, die es gut meinte, mit denen die nicht viel anziehen brauchten und sich im Freien aufhalten konnten. Sie gingen dorthin wo es Abkühlung gab und Spaß für Jederfrau, meist hieß es Schwimmbad. Meine Gedanken hatten sich noch nicht in Bewegung gesetzt, genauso wenig der Rest von mir. Wieso sah hier alles so gleich aus? Was ist eigentlich los? Ist die Hölle ein Ebenbild unseres Daseins. Ich versuchte ohne Gedanken auf die Beine zu kommen, es gelang mir nur sehr eingeschränkt, jemand schien mir die Muskulatur dort unten gestohlen zu haben, ich schwankte. Als die ersten Gedanken erwachten, starrten mich die Augen an, wie ich am frühen Mittag so durch die Fußgängerzone dieser kleinen heilen Stadt fiel. An jeder Ecke musste ich mich festhalten und hinter vorgehaltener Hand sprach man oder auch Frau über den Zustand dieses übel aussehenden und noch übler riechenden Burschen, der offensichtlich schon um diese Zeit sturzbetrunken war, der sollte doch mal lieber arbeiten, anstatt sich so gehen zu lassen, aber eigentlich sprachen dieses nur die Altnazis und ewig Gestrigen wirklich aus, die Anderen gingen ihres Einkaufs nach und versuchten nicht von mir gerempelt zu werden. Nicht das ich jemanden absichtlich rempeln wollte, die Kraft kam einfach nicht zurück in die schlaffen Beine, so wurde der Kopf langsam klarer doch die Beine immer müder, sie wollten den schweren Körper einfach nicht mehr tragen, sie wollten sich strecken und plattliegen.

Die Gedanken setzten ebenfalls wieder aus und als sie sich dann wieder ihrer Aufgabe erinnerten war ich raus aus dem Augenmeer und lehnte an einem kleinen Baum auf einer riesigen Wiese und starrte mit meinen zwei in die Ferne. Ich versuchte herauszufinden was passiert sein könnte, wieso war ich jetzt hier, bin ich eben wirklich durch diese Stadt gefallen, kaum fähig Schritte voreinander zu setzen ohne klare oder unklare Gedanken zu führen, wollte ich nicht ganz woanders hin oder wollte ich nicht und bin deswegen hier, wollte ich hier hin, wo war ich.

Traumlos und völlig ohne Erinnerung gingen weitere Stunden in die Einsamkeit, keiner kümmerte sich um diese leblose, sitzende Figur dort mitten auf der

Wiese an diesem jungen Baum, der sich dachte, wenn der sich noch lange an mir abstützt werde ich ein schiefer Baum ohne Wind.

Ich kam wieder zu mir, ratlos mit dicker trockener Zunge, die den gesamten Rachen ausfüllte und somit zum Sprechen zu dick aber zum Ersticken noch zu klein war. Ich testete meine Muskeln, sie kamen zurück und bauten sich auf, ich konnte stehen und nach vorsichtigen Versuchen auch wieder gehen und so ging ich los, weg vom Baum, hin zum Weg, der Baum schrie mir noch ein kommbloßnichtwieder hinterher, ich hörte es, ignorierte es aber.

Und so ging ich zurück in die Stadt, in die Welt und zuallererst unter die Dusche, es war wohl kein Tag zum sterben oder, so leicht ist es nun mal nicht dieser Welt den Rücken zuzukehren, oder nach dem Tod ändert sich einfach nichts, wir leben immer weiter, wir kommen da nicht raus, nur in der alten Welt da trauern sie um

Dich und müssen ohne Dich klarkommen, hier müssen sie dich weiter ertragen und du dich auch.

Zeitfracht Medien GmbH
Ferdinand-Jühlke-Straße 7
99095 Erfurt, Deutschland
produktsicherheit@kolibri360.de